TABLEAUX

ANCIENS

Pastel de LA TOUR

TABLEAUX ANCIENS

PASTEL

DE

LA TOUR

TABLEAUX ANCIENS

ÉCOLES PRIMITIVES FLAMANDE, FRANÇAISE ET ITALIENNE

PASTEL de LA TOUR

Provenant de la Collection de M. X...

Carte d'Entrée à l'Exposition particulière

HOTEL DROUOT, Salle N° 7

Le Mercredi 20 Mai 1914, de 1 h. 1/2 à 6 heures

COMMISSAIRES-PRISEURS

Mᵉ F. LAIR-DUBREUIL | Mᵉ MAURICE PECQUET
6, rue Favart, 6 | 12, rue d'Antin

EXPERTS

M. PAUL MATHEY | M. GEORGES PETIT

CONDITIONS DE LA VENTE

Elle sera faite au comptant.

Les acquéreurs paieront *dix pour cent* en sus des enchères.

Paris — Imp. Georges Petit, 12, rue Godot-de-Mauroi. — 25740-14.

CATALOGUE

DE

TABLEAUX

ANCIENS

DES

Ecoles primitives Flamande, Française et Italienne

PASTEL

DE

LA TOUR

Provenant de la Collection de M. X...

DONT LA VENTE AUX ENCHÈRES PUBLIQUES AURA LIEU A PARIS

HOTEL DROUOT, Salle N° 7

Le Vendredi 22 Mai 1914

à 3 heures

COMMISSAIRES-PRISEURS

Mᶜ F. LAIR-DUBREUIL | **Mᶜ MAURICE PECQUET**
6, rue Favart, 6 | 64, rue d'Amsterdam, 64

EXPERTS

M. PAUL MATHEY | **M. GEORGES PETIT**
159, rue de Rome, 159 | 8, rue de Sèze, 8

EXPOSITIONS

PARTICULIÈRE : *Le Mercredi 20 Mai 1914, de 1 heure 1/2 à 6 heures.*
PUBLIQUE : *Le Jeudi 21 Mai 1914, de 1 heure 1/2 à 6 heures.*

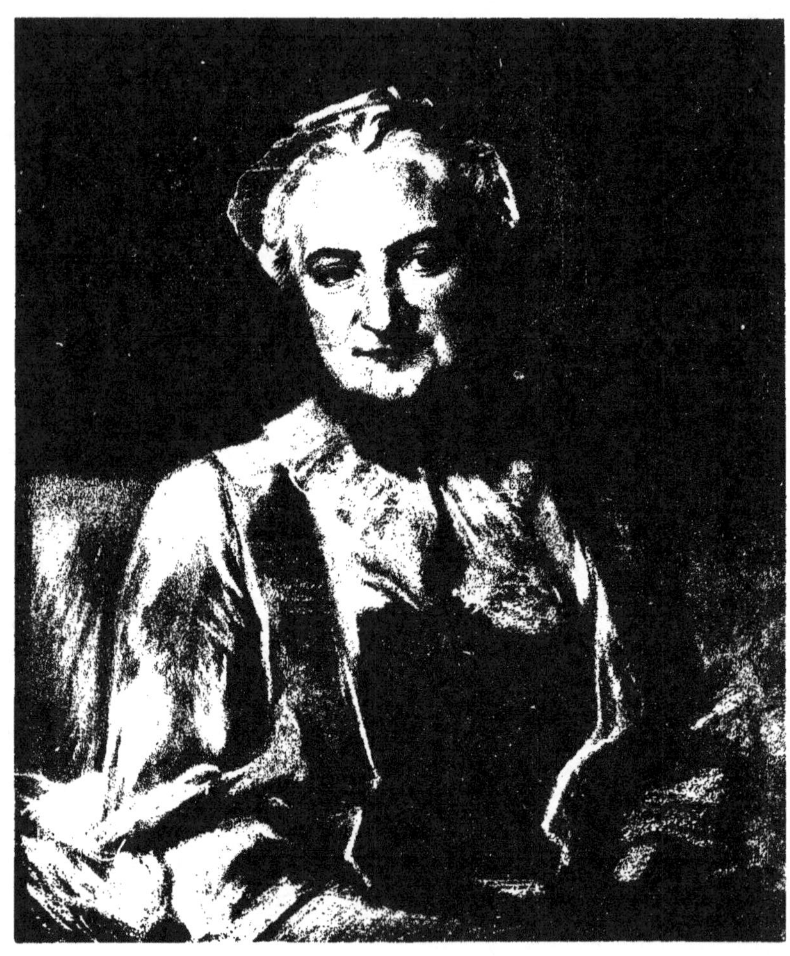

Nº 1

Tableaux Anciens

LA TOUR

(MAURICE-QUENTIN DE)

1 — *Portrait de femme.*

En buste, assise de face, coiffée d'un petit bonnet retenu par une fanchon noire, le vêtement non terminé.

Ce pastel peut être mis au rang des plus belles œuvres du maître.

Haut., 64 cent.; larg., 51 cent.

ÉCOLE FRANÇAISE .

xviie siècle.

2 — *Le Concert.*

550
Faucher

Deux femmes, l'une au clavecin, l'autre chan-
tant ; au premier plan, un violoncelliste ; derrière
ce groupe, un abbé marquant la mesure.

Haut., 53 cent.; larg., 43 cent.

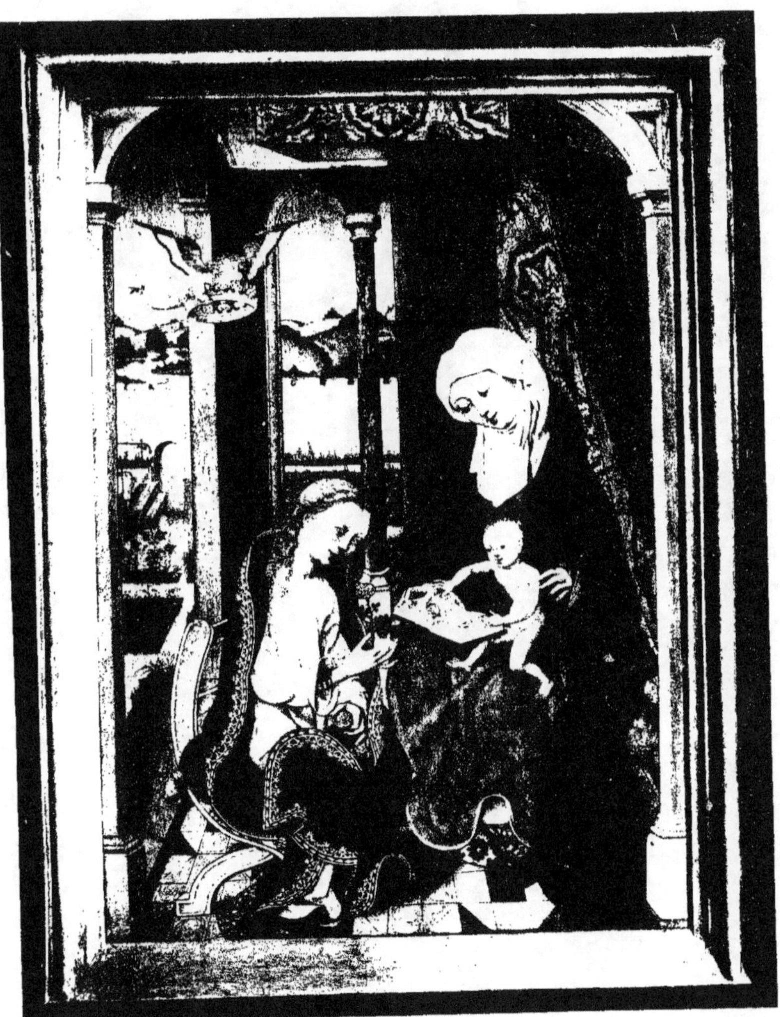

N° 3

ÉCOLE DU HAUT-RHIN

xvᵉ siècle.

3 — *La Vierge et l'Enfant Jésus.*

La Vierge, assise sous un dais, tient sur ses genoux l'Enfant Jésus et lui fait feuilleter un missel ; devant ce groupe, une jeune fille offre une rose ; au-dessus, un ange apportant une couronne.

Dans le fond, jardin et paysage montagneux.

Tableau d'un faire précieux et d'une parfaite conservation.

Haut., 42 cent.; larg., 29 cent.

ÉCOLE FLAMANDE

xvi° siècle.

4 — *Sainte Anne et sainte Catherine. Diptyque.*

Sur le panneau de gauche, sainte Anne feuillette un livre : à ses pieds, la Vierge et l'Enfant Jésus.

Sur le panneau de droite, sainte Catherine tenant un livre et une épée : à terre, un personnage couronné, portant un sceptre.

A l'extérieur des volets, sainte Madeleine et le Christ.

Hauteur de chaque panneau, 38 cent.; largeur, 20 cent.

ÉCOLE DE BRUGES

xv° siècle.

5 — *La Vierge et l'Enfant Jésus.*

La Vierge, debout, vêtue d'une longue robe blanche, tient l'Enfant Jésus dans ses bras.

Haut., 39 cent; larg., 17 cent.

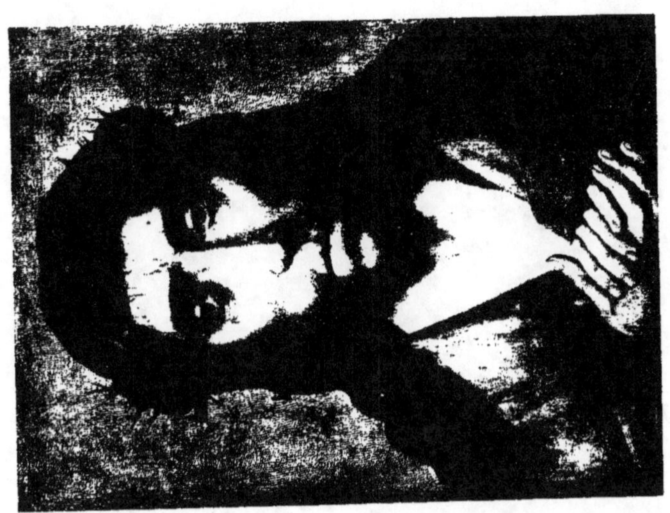
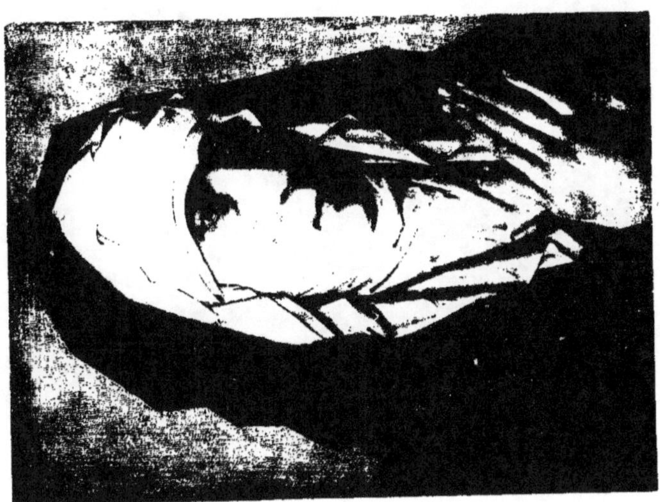

ÉCOLE DE VAN DER WEYDEN

xvᵉ siècle.

6 — *Le Christ couronné d'épines.*

La Vierge de douleurs.

Deux panneaux, formant pendants, sur fond d'or.

Hauteur de chaque panneau, 37 cent.; largeur, 28 cent

ÉCOLE FLAMANDE

xv° siècle.

7 — *La Vierge et l'Enfant Jésus.*

Panneau de forme ronde, fond d'or ; ce type fut fréquemment reproduit au xv° siècle et les exemplaires en sont attribués, dans un récent ouvrage de M. Fiérens-Gevaert, à l'École du Maître de Flémalle.

Celui-ci, d'une jolie exécution et d'une grande fraîcheur de coloris, n'est pas inférieur à l'exemplaire du Musée de Bruxelles.

Diam., 19 cent.

ÉCOLE FLAMANDE

xvi° siècle.

8 — *Triptyque.*

Au centre, la Vierge et l'Enfant Jésus sur un trône.

Sur le panneau de droite, sainte Béatrix; sur celui de gauche, sainte Lucie ; deux figures en grisaille ornent les revers des volets.

Ensemble du triptyque. Haut., 3o cent.: larg., 5o cent.

ÉCOLE DE SIENNE

xvᵉ siècle.

9 — *Sainte Famille.*

> Fond de paysage montagneux, où galopent les rois mages.

Haut., 39 cent.; larg., 27 cent.

ÉCOLE ITALIENNE

xvᵉ siècle.

10 — *Saint Laurent.*

Fragment de panneau, sur fond d'or.

Haut., 26 cent.; larg., 26 cent.